Ulrich Paul

Der Mauerfall

Berlin vom 9. November 1989
bis zur Wiedervereinigung

Copyright: © 2019: Ulrich Paul
Lektorat: Erik Kinting – www.buchlektorat.net
Umschlag & Satz: Erik Kinting
Bilder: Ulrich Paul
Foto letzte Seite: Wolfgang Steche

Verlag und Druck:
tredition GmbH
Halenreie 40-44
22359 Hamburg

Paperback   978-3-7497-3287-6
Hardcover   978-3-7497-3288-3
e-Book   978-3-7497-3289-0

Bibliografische Information der Deutschen Nationalbibliothek:
Die Deutsche Nationalbibliothek verzeichnet diese Publikation in der Deutschen Nationalbibliografie; detaillierte bibliografische Daten sind im Internet über http://dnb.d-nb.de abrufbar.

Gewidmet meiner Tochter Sophia,
die ohne Mauer aufgewachsen ist

Zu diesem Buch

Ich bin als West-Berliner mit der Mauer aufgewachsen. Als ich geboren wurde, stand sie fast ein Jahr. Bis zum 9. November 1989 hätte ich nicht geglaubt, dass die Mauer jemals fallen könnte. Den Kontakt mit der Mauer habe ich – wie viele West-Berliner – soweit es ging vermieden. West-Berlin war so groß, dass wir uns monatelang durch die Stadt bewegen konnten, ohne die Mauer zu sehen. Nur wenn wir Besuch bekamen, dann fuhren wir schon mal an die Grenze. Zum Beispiel zum *Brandenburger Tor* oder zum *Potsdamer Platz*, wo Aussichtsplattformen standen, die einen Blick über die Mauer und auf den Todesstreifen ermöglichten. Die weite Fläche des Grenzstreifens führte einem dabei vor Augen, wie aussichtslos jeder Fluchtversuch sein musste. Die Teilung Berlins schien unüberwindbar.

Dann kam der 9. November 1989. Ich war an diesem Tag mit meiner Freundin zuhause in unserer Charlottenburger Wohnung. Wir hatten am Abend Besuch. Nachdem der Besuch gegangen war, schalteten wir noch mal die Nachrichten ein und sahen die Berichte von den Grenzübergängen. Gegen Mitternacht stand der Regierende Bürgermeister Walter Momper in einer Fernseh-Live-Sendung plötzlich auf und erklärte, sein Platz sei jetzt woanders. In dem Moment war für uns klar, dass das auch für uns galt. Wir stiegen ins Auto und fuhren zum *Grenzübergang Invalidenstraße*.

Als wir dort ankamen, herrschte ein dichtes Gedränge. Dort, wo der Schlagbaum und ein kleiner Wachturm waren, kletterte ich auf die Mauer und machte Fotos von Menschen, die Richtung Westen drängten. »Wahnsinn« – das war das Wort dieser Nacht. Dass es friedlich blieb, war dabei keineswegs selbstverständlich, wie sich später herausstellte.

In diesem Buch zeichne ich anhand eigener Fotos die Ereignisse vom 9. November 1989 bis zur Wiedervereinigung am 3. Oktober 1990 nach. Es ist ein persönlicher Ausschnitt der Geschehnisse, keine geschichtliche Abhandlung mit Anspruch auf Vollständigkeit. Neben Bildern vom Mauerfall gibt es Fotos aus dem Baustoffkombinat, in dem die Mauer produziert wurde, Ablichtungen von den Geldtransporten zur Einführung der D-Mark und Bilder von der Feier zur Wiedervereinigung am 3. Oktober.

Dass es vom *Grenzübergang Invalidenstraße* aus der Nacht vom 9. zum 10. November 1989 so viele Fotos gibt, ist der Geduld meiner damaligen Freundin zu verdanken, die in der Kälte auf mich wartete. Sie ist seit 1990 meine Frau. Die Bilder zeigen vor allem eines: die Freude und das Glück über die wiedergewonnene Freiheit.

Viel Spaß bei der Lektüre

Ulrich Paul

Zum Autor

Ulrich Paul, Jahrgang 1962, wurde in West-Berlin geboren. Er studierte an der Freien Universität Berlin Publizistik, Politologie und Geschichte. Von 1988 bis 1990 arbeitete er für das Volksblatt Berlin. 1991 wechselte er zur Berliner Zeitung, wo er in der Lokalredaktion für Themen der Stadtentwicklung zuständig ist.

Inhaltsverzeichnis

Der 9. November 1989

Es ist Donnerstag, der 9. November 1989, kurz nach 19 Uhr. Gerade hat Günter Schabowski, Mitglied des Politbüros der *Sozialistischen Einheitspartei Deutschlands* (SED), auf einer Pressekonferenz in Ost-Berlin die neue Reiseregelung der DDR verkündet. Den Bürgern in Ostdeutschland soll es danach möglich sein, in den Westen zu fahren, wenn sie möchten. »Sofort, unverzüglich«, soll die Regelung in Kraft treten, sagt Schabowski auf Nachfrage eines Journalisten. Dabei ist das eigentlich erst später vorgesehen. Es ist eine Sensation, denn damit ist die Grenze offen.

Für Walter Momper (SPD), den Regierenden Bürgermeister von West-Berlin, kommt die Öffnung der Mauer nicht völlig überraschend, wie er später berichtet[1]. Bereits elf Tage vorher hatte er bei einem Treffen mit Schabowski und dem Ost-Berliner Oberbürgermeister Erhard Krack im *Palasthotel* in Berlin-Mitte erfahren, dass die DDR-Regierung eine neue Reiseregelung plant. Zu groß war der Druck innerhalb der Bevölkerung geworden, die mehr Freiheiten verlangte. Zum Ende des Gesprächs habe Schabowski gesagt: »Und im Übrigen werden wir Reisefreiheit geben«, erinnert sich Momper. Während die Ost-Berliner Seite glaubte, den Drang in den Westen steuern zu können, weil nur wenige DDR-Bürger einen Reisepass besaßen, sagten Momper und seine Vertrauten, sie würden mit einem Ansturm von rund einer halben Million Besuchern pro Tag rechnen. In gemischten Arbeitsgruppen bereiteten sich beide Seiten auf die neue Regelung vor. Die *Berliner Verkehrsbetriebe* (BVG) wurden

---

[1] Ulrich Paul, *So eine Art Smogalarm*, in: *Berliner Zeitung*, 2009, Nr. 261, S. 20.

informiert. Sie hielten für die geplante Reisefreiheit der DDR-Bürger ihren für Smogalarm erarbeiteten Fahrplan bereit, nach dem alleine öffentliche Busse und Bahnen den Verkehr in West-Berlin bewältigen sollten. »Wir baten dann noch, bitte geben Sie uns rechtzeitig vorher Bescheid«, erinnert sich Momper. Dann kam der 9. November.

Momper erhält bereits am Mittag von einem Staatssekretär den Hinweis, dass die DDR an diesem Tag eine neue Reiseregelung plane. »Ja, ja, haben wir gesagt, dann werden die das heute machen«, so Momper. Er informiert noch schnell den für die BVG zuständigen Senator Horst Wagner und will eigentlich auch dem Innensenator Bescheid sagen, damit er genug Polizei im Dienst hält, doch das vergisst er. Anschließend geht Momper seinen weiteren Verpflichtungen nach. Wie dramatisch sich der Tag entwickeln wird, ahnt er nicht. Am Abend ist Momper bei der Verleihung des *Goldenen Lenkrads* im *Springer-Verlag*. Dort erfährt er von der Pressekonferenz, bei der Schabowski erklärt hat, die neue Reiseregelung trete »sofort« und »unverzüglich« in Kraft.

Noch am selben Abend kommt der rotgrüne Senat zu einer Sondersitzung zusammen. Mitten in der Sitzung betritt ein Motorradfahrer der Polizei den Saal und geht zu Innensenator Erich Pätzold (SPD), erinnert sich die Grünen-Politikerin Renate Künast, die als Fraktionschefin der *Alternativen Liste*, der Vorgängerin der *Grünen*, dabei war[2]. Der Polizist übergibt Pätzold ein Schreiben. Dessen Gesicht sei beim Lesen blass geworden, berichtet Künast. Dann liest er vor: An der *Bornholmer Brücke* habe es die ersten Grenzdurchbrüche gegeben, ohne dass geschossen worden sei.

---

[2] Ebenda.

»In dem Moment war klar: Von jetzt an wird alles anders sein«, berichtet Künast.

Grenzübergang Invalidenstraße, Nacht vom 9 zum 10. November. Ein Trabant fährt Richtung West-Berlin.

Momper versucht an diesem Abend zunächst vergeblich, die westlichen Alliierten zu erreichen. Sie sind alle bei einer Geburtstagsparty von Ulrich Schamoni, dem Begründer des privaten Radiosenders *Hundert,6*, wie sich später herausstellt. Dort lässt sich Momper schließlich alle Verantwortlichen ans Telefon holen, um ihnen zu berichten.

Momper ist in diesen Stunden ein gefragter Interviewpartner. In einer Livesendung erklärt er schließlich gegen Mitternacht, sein Platz sei nicht mehr im Fernsehstudio und fährt zum *Grenzübergang Invalidenstraße*. Dort habe sich ein skurriles Bild geboten, berichtet Momper. Die Grenzer kontrollierten noch, aber »... auf einmal waren die alle verschwunden«. In diesem Moment sei er in Sorge gewesen: »Ich dachte, wenn die vorne die automatischen Rolltore zumachen und von hinten reinschießen, dann gibt es ein Blutbad.«

Ganz unbegründet ist die Sorge nicht. Die Diensthabenden auf Ost-Berliner Seite der Grenzübergangsstelle fordern noch am Abend zusätzlich zu den Kräften vor Ort 45 Soldaten an, wie aus dem Buch *Der Tag, an dem die Mauer fiel* von Hans-Hermann Hertle und Kathrin Elsner hervorgeht.[3] Ungefähr zu der Zeit, als Momper zur *Invalidenstraße* aufbricht, treffen die 45 Soldaten ein.[4]

Der Stellvertreter der Passkontrolleinheit beschreibt, was dann passiert: »Die Soldaten kamen mit langer Waffe und voll aufmunitioniert. Ich hatte eigentlich im Hinterkopf, es nicht zuzulassen, dass die Grenzübergangsstelle unkontrolliert von irgendwelchen Leute passiert wird, und es auch nicht zuzulassen, dass Bürger West-Berlins in das Territorium der DDR eindringen. So steht es in allen Gesetzen und das ist an jeder Grenze so. Aber die Lage eskalierte, und es wurden immer mehr Menschen. Ich habe die Situation dann mit dem Kommandanten beraten. Ich sagte: Pass auf, wir lassen die erst gar nicht aus dem Bus aussteigen. Was soll's. Auf Unbewaffnete schießen – das machen wir nicht. Das hätte ja auch nichts gebracht. Klar hätten wir dazwischenhalten können, das wäre kein Problem gewesen. Wir hätten mit geschlossenen Augen Dauerfeuer schießen können. Okay, wir haben die Soldaten nicht aus-

---

[3] Hans-Hermann Hertle und Kathrin Elsner (Hg), *Der Tag, an dem die Mauer fiel*, Berlin: Nicolaische Verlagsbuchhandlung 2009, S. 142.
[4] Ebenda, S. 150.

steigen lassen, sondern haben sie wieder abrücken lassen.«[5]
Die Menschen aus Ost und West, die sich zu der Zeit im Be-
reich des Grenzübergangs aufhalten, bekommen davon
nichts mit.

*Grenzübergang Invalidenstraße, Nacht vom 9. zum 10. November. Neben dem
Kontrollturm stehen Fotografen, britische Militärpolizisten und Schaulustige
auf der Mauer. Die DDR-Kontrolleure schauen teilnahmslos zu.*

---

[5] Hans-Hermann Hertle und Kathrin Elsner (Hg), *Der Tag, an dem die Mauer fiel*, Berlin: Nicolaische Verlagsbuchhandlung 2009, S. 150 u. 151.

Was der Verfasser dieses Buches in der Nacht vom 9. zum 10. November am *Grenzübergang Invalidenstraße* erlebt, notiert er in einer Reportage, die am 11. November 1989 im *Volksblatt Berlin* erscheint:

»Losfahren, Licht an, hupen – herzlich willkommen!« ruft der West-Berliner Polizist in freundlich-rauem Ton dem Fahrer des grauen Trabant zu und dirigiert ihn durch eine Gasse von Schaulustigen. Grenzübergang Invalidenstraße, in der Nacht von Donnerstag zu Freitag. Es ist ein Uhr. Ein historisches Datum. Mehrere Tausend Bürger aus Ost und West sind auf den Beinen. Die einen, um einfach mal über den Ku'damm zu promenieren, die anderen, um den Hauch der Geschichte zu spüren. »Los, los, dranbleiben«, fordert ein Ost-Berliner Grenzbeamter einen Wartburgfahrer auf, den Anschluss an die Schlange der Ausreisenden nicht zu verlieren. Ungewohnte Töne. Pässe werden nicht gezeigt, auch Visa oder Stempel sind nicht erforderlich. Lachend, vor Freude weinend, liegen sich die Ost-Berliner in den Armen, als sie über die Demarkationslinie schreiten. »Ey, wir sind im Westen!« Sektkorken knallen, West-Berliner applaudieren, nehmen die Überglücklichen unter dem Blitzlichtgewitter der Fotografen in ihre Arme und stimmen Jubelchöre an: »Oh, wie ist das schön!« und »So ein Tag, so wunderschön wie heute!« – Reisefreiheit grenzenlos.

Als die Menschenmenge aus Ost und West immer mehr anwächst und das Nadelöhr blockiert, ergreift schließlich der inzwischen angekommene Regierende Bürgermeister das Wort. »Wir alle freuen uns in West-Berlin und Ost-Berlin.« Der nun in Gang gekommene Reiseverkehr dürfe jedoch nicht durch die vielen West-Berliner behindert werden, sagt Walter Momper per Lautsprecher. Die Menge möge zurückweichen, die Reiseregelung werde Bestand haben. (…) Grepos, West-Polizisten und Soldaten der britischen Schutzmacht stehen auf einem Wellblechdach der Mauerbefestigung unterhalb der Wachtürme einträchtig beieinander. Ost und West leiten von oben die Flut der Menschen. Mehrere Hundert Meter lang ist die Schlange der reisewilligen Spontanbesucher. Wer zu Fuß kommt, fragt nach Sonderbussen der BVG. Die müsste es doch geben?! Andere tragen ihr Fahrrad über den Köpfen hinweg, manch einer schiebt sogar einen Kinderwagen vor sich her – als hätten sie sich zu einem Nachmittagsbummel auf den Alexanderplatz aufgemacht. Für West-Berliner ist der Weg nach Ost-Berlin ebenso frei wie der in die andere Richtung. »Hier hab' ich sonst immer Zwangsumtausch gezahlt«; erinnert sich ein Mittvierziger und zeigt auf eine Baracke. Es herrscht Volksfeststimmung auf dem Grenzübergang. »Guten Morgen!« wünschen die Passanten den Beamten, die höflich den Gruß erwidern. Triumphierend schwenkt ein Ost-Berliner den mitgebrachten Auto-Atlas über Europa und ruft selbstbewusst: »Den werden wir jetzt häufiger brauchen. (…)

Als ein Fernsehteam seine Kamera in Stellung bringt, kurbelt ein Trabilenker das Fenster runter und flachst: »Ihr kommt ja reichlich spät.« – »Na, du bist ja auch nicht früher gekommen«, hallt es scherzhaft zurück. »Kann ich nicht ein Souvenir bekommen?« will eine West-Berlinerin von einem Trabifahrer wissen. Flugs holt der einen roten Stern raus und schenkt ihn der Frau. Immer wieder schlendern sich umarmende Paare vorbei, lassen die Sektflasche kreisen. »Mein Bruder hat mich vor einer Stunde angerufen und gesagt: Detlef, ich weiß gar nicht, warum du noch nicht da bist.« Kaffeewasser sei schon fertig. »Da habe ich gesagt, ich komme sofort, da muss ich hin«, erzählt Bauleiter Detlef Erle aus Hohenschönhausen. Nun sitzt er in einem Taxi vor den Abfertigungsbaracken am Grenzübergang Invalidenstraße. Der Weg in den Westen ist offen. »Wir fahren zur Kantstraße«, sagt er aus dem Fenster heraus. In einer halben Stunde wird er dort sein.

Was in den Tagen danach passierte, übertraf alle Erwartungen. Nicht 500 000 Besucher, sondern bis zu eine Million kamen täglich nach West-Berlin. Die BVG holte Busse von westdeutschen Verkehrsbetrieben und nahm den Verkehr über die Grenze auf – zum Beispiel über die Glienicker Brücke. Ein Problem war jedoch die Ausgabe des Begrüßungsgeldes von 100 D-Mark für jeden DDR-Bürger. Weil doppelt so viele Besucher kamen, wie geplant war, gingen die Bargeldvorräte zu Ende. »Über Nacht haben die Amerikaner dann mit dem Flugzeug sieben Tonnen frisches Geld eingeflogen«, erinnert sich Walter Momper.[6]

Grenzübergang Invalidenstraße, Nacht vom 9. zum 10. November. Von Ost und West drängen Leute vorbei.

---

[6] Ulrich Paul, *So eine Art Smogalarm*, in: *Berliner Zeitung*, 2009, Nr. 261, S. 20.

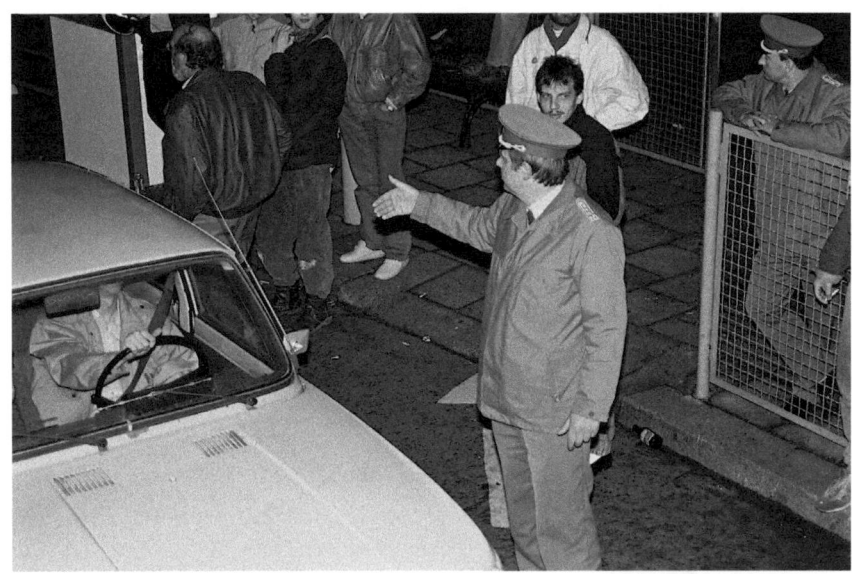

Grenzübergang Invalidenstraße, Nacht zum 10. November. Ein DDR-Kontrolleur winkt ein Auto durch.

Grenzübergang Invalidenstraße, Nacht von 9. zum 10. November. Ein West-Berliner Polizist spricht in sein Funkgerät, daneben hört ein Mitarbeiter der Ost-Berliner Passkontrolle zu.

Grenzübergang Invalidenstraße, Nacht vom 9. zum 10. November 1989. Ein West-Berliner Polizist neben einem Diensthabenden der Ost-Berliner Kontrollstelle.

Grenzübergang Invalidenstraße, Nacht vom 9. zum 10. November 1989. Mit dem Fahrrad in den Westen.

Grenzübergang Invalidenstraße, Nacht zum 10. November. Ost-Berliner werden im Westen mit Blumen begrüßt.

Grenzübergang Invalidenstraße, Nacht vom 9. zum 10. November. Der Schlagbaum ist offen.

Übergang Invalidenstraße, Nacht zum 10. November. Zwei Mitarbeiter der DDR-Passkontrolle beraten die Lage.

Grenzübergang Invalidenstraße, Nacht vom 9. zum 10. November. Feier mit Grenzhütchen.

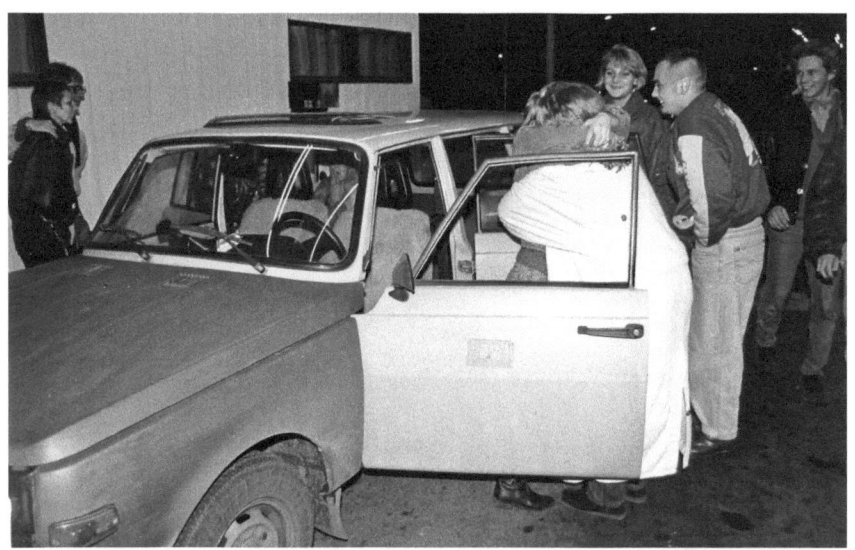

*Grenzübergang Invalidenstraße, Nacht zum 10. November. Zwei Frauen um-
armen sich vor Freude.*

*Grenzübergang Invalidenstraße, Nacht zum 10. November. Die Menschenmen-
ge bewegt sich Richtung Westen.*

Grenzübergang Invalidenstraße, Nacht zum 10. November. Der Kontrollpunkt ist voller Menschen.

Grenzübergang Invalidenstraße, Nacht zum 10. November. Ein junges Paar auf dem Weg nach West-Berlin.

Grenzübergang Invalidenstraße, Nacht zum 10. November. DDR-Kontrolleure unterhalten sich mit zwei Männern und helfen ihnen dann auf die Mauer.

Grenzübergang Invalidenstraße, Nacht zum 10. November. Ost-Berliner tanzen vor Freude und reißen die Arme hoch, als sie den Kontrollpunkt passieren.

Grenzübergang Invalidenstraße, Nacht zum 10. November. „Oh, wie ist das schön", singen die Menschen vor Freude.

Grenzübergang Invalidenstraße, Nacht zum 10. November. Ein DDR-Kontrolleur hält noch die Stellung.

Grenzübergang Invalidenstraße, Nacht zum 10. November. Manche fahren mit dem Taxi in den Westen.

*Sonnabend, 11. November 1989. Blick von der Siegessäule Richtung Branden-
burger Tor. Am ersten Wochenende nach dem Mauerfall zieht es Tausende
Berliner aus Ost und West zu jenem Ort, der über rund vier Jahrzehnte das
Symbol der deutschen Teilung war: zum Brandenburger Tor. Die neue Reisefreiheit führt auf der Straße des 17. Juni zum Verkehrskollaps.*

Die Öffnung der Mauer am Potsdamer Platz

Am 12. November 1989 wird morgens um acht Uhr ein neuer Grenzübergang am *Potsdamer Platz* eröffnet. – Eine Entscheidung von besonderer Bedeutung, gehörte der *Potsdamer Platz* doch über Jahrzehnte zu den Orten, an denen die Folgen des Zweiten Weltkriegs und der Teilung der Stadt auf besonders schmerzliche Weise sichtbar wurden. In den 20er-Jahren noch zählte der *Potsdamer Platz* mit seinen Hotels, Amüsierbetrieben, Kinos, Restaurants und Cafés zu einem der verkehrsreichsten Plätze in Europa, doch nach dem Mauerbau glich der Ort einer riesigen Sandwüste. Die Gebäude, die auf Ost-Berliner Seite den Bombenhagel des Zweiten Weltkriegs überstanden hatten, wie das *Columbus-Haus*, waren schon zuvor abgerissen worden. Auf West-Berliner Seite waren nur noch Reste des Hotels *Esplanade* und das *Weinhaus Huth* erhalten geblieben.

Der Mauerbau besiegelte über lange Jahre das Schicksal des *Potsdamer Platzes* als Ödnis mitten in Berlin. *Es war ein Akt höchster stadtpolitischer Symbolik, dass nach dem Mauerfall im November 1989 am Potsdamer Platz ein Loch in den noch bestehenden Grenzwall geschlagen wurde*, schreibt der Architekturkritiker Gerwin Zohlen[7]. *Das Brandenburger Tor fünfhundert Meter weiter nördlich war und ist das Symbol der Deutschen Frage, der Ost-West-Spaltung der politischen Welt und schließlich auch der Deutschen Einheit. Demgegenüber war der Potsdamer Platz der Ort, an dem sich im Frühjahr 1990 die Zusammengehörigkeit der Stadt manifestieren musste*, so Zohlen.

---

[7] Gerwin Zohlen, *Erblast des Mythos. Das Verfahren Potsdamer/Leipziger Platz. Rückblick nach vier Jahren*, in: *Ein Stück Großstadt als Experiment. Planungen am Potsdamer Platz in Berlin*, Verlag Gerd Hatje, 1994, S. 14–23.

Mauerdurchbruch am Potsdamer Platz, Sonntag, 12. November 1989. Bagger räumen den Weg frei.

12. November 1989, Öffnung der Mauer am Potsdamer Platz. Auf Ost-Berliner Seite warten mehrere Hundert Menschen darauf, dass sie die Grenze Richtung West-Berlin passieren können.

Öffnung der Mauer am Potsdamer Platz, 12. November 1989. Von West-Berliner Seite sind Menschen auf die Mauer geklettert und feiern die neue Freiheit.

Öffnung der Mauer am Potsdamer Platz, 12. November 1989. Aus den Gesichtern der DDR-Grenzsoldaten ist Freude und Zuversicht, aber auch Nachdenklichkeit und Sorge herauszulesen.

Öffnung der Mauer am Potsdamer Platz, 12. November 1989. Grenzsoldaten stehen auf dem Todesstreifen und beobachten Schaulustige, die von West-Berliner Seite auf die Mauer geklettert sind.

Öffnung der Mauer am Potsdamer Platz, 12. November 1989. DDR-Grenzsoldaten, die mit Gewehren bewaffnet sind, stehen auf dem Todesstreifen und sichern die Sperranlagen.

Öffnung der Mauer am Potsdamer Platz, 12. November 1989. Die Freude ist riesig. Auf der Mauerkrone wird das Ereignis ausgelassen gefeiert.

Öffnung der Mauer am Potsdamer Platz, 12. November 1989. Auf Ost-Berliner Seite warten Menschen darauf, dass sie über den neuen Grenzübergang nach West-Berlin gehen können.

Öffnung der Mauer am Potsdamer Platz, 12. November 1989. Einige Ost-Berliner studieren vor dem Ausflug nach West-Berlin schon mal den Stadtplan.

Öffnung der Mauer am Potsdamer Platz, 12. November 1989. Mitarbeiter der DDR-Passkontrolle stehen mit Dienstkoffern bereit. Gleich soll der neue Grenzübergang geöffnet werden.

Öffnung der Mauer am Potsdamer Platz, 12. November 1989. Die ersten Ost-Berliner dürfen den neuen Grenzübergang Richtung West-Berlin nutzen. Hier im Bild die Passkontrolle.

Öffnung der Mauer am Potsdamer Platz, 12. November 1989. Eine junge Familie kommt per Fahrrad mit ihren Kindern nach West-Berlin. Sie werden mit Applaus begrüßt.

Öffnung der Mauer am Potsdamer Platz, 12. November 1989. West-Berliner empfangen die Ost-Berliner.

Öffnung der Mauer am Potsdamer Platz, 12. November 1989. Im Westteil gibt es zur Begrüßung Sekt.

Öffnung der Mauer am Potsdamer Platz, 12. November 1989. Ost-Berliner grüßen die wartenden West-Berliner.

Öffnung der Mauer am Potsdamer Platz, 12. November 1989. Blick auf den neuen Grenzübergang.

Öffnung der Mauer am Potsdamer Platz, 12. November 1989. Die Sperranlagen werden abgebaut.

Öffnung der Mauer am Potsdamer Platz, 12. November 1989. Ost-Berliner gehen an DDR-Grenzsoldaten vorbei.

Besonderer Besuch: Ein etwa 1,80 Meter großer Bär ist der mit Sicherheit ungewöhnlichste Gast bei der feierlichen Eröffnung des neuen Grenzübergangs am Potsdamer Platz am 12. November 1989.

Öffnung der Mauer am Potsdamer Platz. Ein DDR-Grenz-Kontrolleur scheint wenig erfreut über den Bären.

Der Bär steht zur Überraschung des Verfassers dieses Buches mitten im Getümmel plötzlich neben ihm. Mitarbeiter eines Zirkus haben das Tier mitgebracht, schließlich ist der Bär das Wappentier Berlins. Da lag es natürlich nahe, ihn zu einem solch geschichtsträchtigen Moment als Ehrengast auflaufen zu lassen. Der Bär ist, wie auf dem Foto zu sehen, mit Zaumzeug gesichert – und feiert friedlich mit.

*Umweltsenatorin Michaele Schreyer und Bausenator Wolfgang Nagel feiern
mit einem Grenzsoldaten die Öffnung des Übergangs am Potsdamer Platz.*

*Öffnung der Mauer am Potsdamer Platz. Der erste Trabant nach West-Berlin
wird mit Blumen geschmückt.*

Öffnung der Mauer am Potsdamer Platz. West-Berliner stehen Spalier für die Bürger aus dem Osten.

Öffnung der Mauer am Potsdamer Platz. Manche kommen mit dem Kinderwagen in den Westen.

*Öffnung der Mauer am Potsdamer Platz. Bürger aus Ost-Berlin werden mit
Blumen begrüßt.*

Die Öffnung der Mauer am *Brandenburger Tor*

Nachdem der neue Grenzübergang am *Potsdamer Platz* eröffnet worden war, richtet sich das öffentliche Interesse mehr und mehr auf die Mauer am *Brandenburger Tor*. »Der Druck wuchs, auch dort einen Übergang einzurichten«, erinnert sich der damalige Regierende Bürgermeister von West-Berlin, Walter Momper.[8] Es gibt jedoch Bedenken: »Die DDR befürchtete offenbar, dass eine Maueröffnung an diesem Ort schnell in eine nationale Wiedervereinigungsfeier umschlagen könnte«, schreibt Momper in dem Buch *Berlin, nun freue Dich! Mein Herbst 1989*. Deswegen zögert sie die Grenzöffnung am *Brandenburger Tor* hinaus. Ein hemmender Faktor ist wohl »auch die sowjetische Botschaft in der DDR gewesen, die nur dreihundert Meter vom Tor entfernt lag und nicht vor der Haustür mit der Wiedervereinigung konfrontiert werden wollte«, glaubt Momper.[9] Er habe es aber für dringend erforderlich gehalten, dass sich die DDR endlich zu einer Öffnung durchringt, so Momper. DDR-Ministerpräsident Hans Modrow habe ihm schließlich zugesagt, bei einem Treffen mit Bundeskanzler Helmut Kohl darüber zu sprechen. Kohl und Modrow verständigen sich bei einem Treffen am 19. Dezember darauf, dass die Mauer am *Brandenburger Tor* am 22. Dezember 1989 geöffnet werden soll[10].

---

[8] Walter Momper, Berlin nun freue Dich! Mein Herbst 1989. Das Neue Berlin 2014, S. 238.
[9] Ebenda, S. 238.
[10] Ebenda, S. 240.

Symbol der Teilung: Das *Brandenburger Tor*

November 1989. Spottvers auf die DDR an der Mauer vor dem Brandenburger Tor.

November 1989. Grenzsoldaten haben auf der Mauer am Brandenburger Tor Position bezogen, um eine Besetzung des Betonwalls zu verhindern, der an dieser Stelle etwas breiter ist. Mehrere Hundert Berliner stehen davor.

Novemberr/Dezember 1989. Würstchenverkäufer an der Mauer vor dem Brandenburger Tor.

November/Dezember 1989. Medienvertreter warten darauf, dass das Brandenburger Tor endlich geöffnet wird.

Dezember 1989. Die Mitarbeiter internationaler Fernsehsender campieren in Zelten und Wohnwagen vor dem Brandenburger Tor und warten auf die Öffnung des Symbols der Teilung Deutschlands.

Die Bühne für die Fernsehübertragung des Mauerfalls am Brandenburger Tor steht. Nur: Wann fällt die Mauer?

Am 21. Dezember ist es soweit. Bauarbeiter rücken an, um die Mauer am Brandenburger Tor zu öffnen.

Von Ost-Berliner Seite klettern die Bauleute auf die Mauer und befestigen Tragseile an einem der Rohre.

Ein Rohr auf der Mauer, das einst Fluchtversuche erschweren sollte, wird per Kran hochgehoben.

In einem nächsten Schritt öffnet sich ein Spalt in der Mauer.

Dann hebt der Kran das Betonelement aus der Mauer heraus.

Geschafft. Am frühen Morgen des 22. Dezember 1989 begrüßen sich Vertreter aus Ost und West am neuen Durchgang nördlich des Brandenburger Tors.

22. Dezember 1989. Tausende warten darauf, dass der neue Grenzübergang am Brandenburger Tor eröffnet wird.

22. Dezember 1989. Die Leute drängen sich hinter den Absperrgittern. Selbst auf Bäumen ist kaum noch Platz.

22. Dezember 1989. Plötzlich rennen die ersten Leute los. Die Menge ist nicht mehr zu halten.

22. Dezember 1989. Die Menschen reißen vor Freude die Arme hoch, der Jubel kennt keine Grenzen.

22. Dezember 1989. Zu kontrollieren ist hier nichts mehr.

22. Dezember 1989. Die Leute haben nur ein Ziel: das Brandenburger Tor.

Der Platz am Brandenburger Tor hat sich in wenigen Minuten gefüllt, mit Menschen aus Ost und West.

Ein Mann fordert auf einem Schild: Die Mauer muss ganz weg.

Die Menschen feiern rund um das Brandenburger Tor.

Blick auf einen von zwei neuen Durchgängen am Brandenburger Tor.

Am Pariser Platz zeigt ein Schild den Bürgern, wo es lang geht. Wer nach West-Berlin will, muss sich bei Ausreise anstellen. Wer nach Ost-Berlin möchte, muss sich bei Einreise anstellen.

Eine Mutter mit ihrem Kind bei der Passkontrolle auf dem Weg nach West-Berlin.

Einreise: Hier geht es nach Ost-Berlin.

Ausreise: Hier geht es nach West-Berlin.

Mit Hammer und Meißel bearbeiten Berliner und Touristen die Mauer. Jeder will ein Stück aus dem Betonwall zur Erinnerung haben. ›Mauerspechte‹ werden die Leute genannt.

Zeit zum Innehalten. Neben dem Reichstagsgebäude erinnern Kreuze an die Menschen, die bei Fluchtversuchen an der Mauer ums Leben gekommen sind.

Weihnachten und Silvester 1989

Berlin *erlebte sein schönstes Weihnachtsfest seit Jahrzehnten*, schreibt Walter Momper in seinen Erinnerungen über die Tage nach dem Mauerfall.[11] Hunderttausende aus Ost und West flanierten durch das *Brandenburger Tor*, wo ein Tannenbaum weihnachtliche Stimmung verbreitete. Unter dem Portal, das noch zwei Monate zuvor Sperrgebiet war, werden nun Weihnachtslieder angestimmt. Die Straße *Unter den Linden* avanciert von der einst berühmtesten Sackgasse Ost-Berlins zur neuen Ost-West-Verbindung. Auf der Mittelpromenade trifft sich halb Berlin zum gemeinsamen Feiertagsbummel.

Zum Jahreswechsel findet in Berlin die größte Silvesterparty der Welt statt. Fast eine Million Besucher versammelt sich rund um das *Brandenburger Tor*.[12] »Es war der Wechsel in ein neues Jahrzehnt, von dem viele in diesem Moment dachten und hofften, dass es ein Jahrzehnt des Friedens werden würde«, erinnert sich Momper. Auf der Mauer am *Brandenburger Tor* haben es sich viele Feiernde auf mitgebrachten Campingstühlen bequem gemacht. Um Mitternacht gibt es ein riesiges Feuerwerk. Überschattet wird die Feier durch ein Unglück: Ein Gerüst, auf das viele Besucher geklettert waren, stürzt ein. Ein junger Mann verunglückt tödlich, viele werden verletzt.[13]

Schon wenige Stunden später starten Walter Momper und der Ost-Berliner Oberbürgermeister Erhard Krack den ersten

---

[11] Walter Momper, *Berlin nun freue Dich! Mein Herbst 1989*, Das Neue Berlin, 2014, S. 246.
[12] Ebenda, S. 247.
[13] Ebenda, S. 248.

Gesamtberliner *Neujahrslauf.* Er führt natürlich durch das *Brandenburger Tor.* Die Stadtreinigung hat dort rechtzeitig alles saubergemacht.

Weihnachten 1989. Das Brandenburger Tor erstrahlt am Abend im hellen Licht – mit Tannenbaum.

Weihnachten 1989. Blasmusik unter dem Brandenburger Tor.

Weihnachten 1989. Viele West-Berliner kommen zu einem Besuch nach Ost-Berlin.

Berliner aus Ost und West bummeln über die Mittelpromenade der Straße Unter den Linden.

Am Brandenburger Tor vorbeizulaufen, ist plötzlich ganz einfach.

Silvester 1989. Berliner aus Ost und West feiern auf der Mauer am Branden-burger Tor.

Silvester 1989. Wunderkerzen werden entzündet.

Silvester 1989. Auf der Mauer ist kaum noch Platz.

Silvester 1989. Um auf die Mauer zu kommen, ist keine Leiter nötig. Die Berliner helfen einander hoch.

Silvester 1989. Dicht an dicht stehen die Besucher auf der Mauer vor dem Brandenburger Tor. Die erste gemeinsame Feier zum Jahreswechsel wird zum Beginn einer neuen Tradition. Von nun an wird jedes Jahr hier gefeiert.

1. Januar 1990. Der Neujahrslauf führt zum ersten Mal durch das Brandenburger Tor.

Anfang 1990: Vor dem Brandenburger Tor werden weitere Teile der Mauer abgebaut. Schaulustige verfolgen das Ereignis von der Mauer vor dem Brandenburger Tor.

Wo die Mauer gebaut wurde

Umgeben von Rapsfeldern und Buchenwäldern liegt das kleine Örtchen Malchin in Mecklenburg-Vorpommern. Einer der wichtigsten Arbeitgeber war hier früher das *Baustoffkombinat Neubrandenburg*, das einen eigenen Sitz in dem Örtchen unterhielt. Spezialisiert war der Betrieb auf den Bau von Winkelstützwandelementen oder einfacher gesagt: auf den Bau von Betonteilen, wie sie für den Bau der Mauer eingesetzt wurden.

6000 Stück der Betonteile produzierte der Betrieb bis 1990 jedes Jahr. 3000 davon gingen an die *Nationale Volksarmee* (NVA), den Auftraggeber für die Mauerteile. Den Rest lieferte das Kombinat an Landwirtschaft und Industrie, wo die Segmente unter anderem für den Bau von Lagerhallen eingesetzt wurden.[14] Offiziell sei dem Betrieb nie mitgeteilt worden, dass die Betonteile für den Bau der Mauer gedacht seien, sagte Kombinatsdirektor Günter Sponholz im Mai 1990. »Dennoch haben wir es gewusst«, räumte er ein.

Der letzte Auftrag der NVA für die Lieferung von Winkelstützwandelementen erfolgte am 29. Dezember 1988. Da bestellte die Armee 1500 Teile, die im ersten Halbjahr 1990 geliefert werden sollten. Doch dazu kam es nicht mehr. Am 17. November 1989, acht Tage nach der Maueröffnung, strich die NVA alle Bestellungen. Die offizielle Mitteilung über das Ende der Maueraufträge erreichte das Baustoffkombinat am 22. November 1989. Finanzieller Umfang des Auftrags: 1,2 Millionen DDR-Mark.

---

[14] Ulrich Paul, *Der Bau der Berliner Mauer brachte ›einen Haufen Gewinn‹*, in: *Volksblatt Berlin*, 13. Mai 1990, S. 16.

Im VEB Baustoffkombinat Neubrandenburg, Sitz Malchin in Mecklenburg-Vorpommern, wurden die Betonsegmente für die Berliner Mauer hergestellt.

Blick in die Produktionshalle des Kombinats: Ein Gemisch aus Kies, Splitt, Zement und Wasser wird in eine winkelartige Form gefüllt.

Nachdem alle Bestandteile für das Betonteil in die Form eingefüllt wurden, wird die Masse getrocknet. Dann sind die Winkelstützwandelemente – 3,60 Meter hoch, 1,20 Meter breit – fertig.

Mit einem Gabelstapler werden Betonteile aller Größen auf den Hof transportiert.

Kombinatsdirektor Günter Sponholz zeigt die Stornierung des letzten Auftrags zur Lieferung von 1500 Mauerteilen. Das Schreiben trägt das Datum 17. November 1989. Es erreichte das Kombinat am 22. November 1989.

Letzte Kontrolle. Ein Mitarbeiter prüft fertiggestellte Betonelemente.

Im Hof lagern die Betonteile im Freien, bis sie ausgeliefert werden. Was nicht mehr für den Mauerbau genutzt wurde, fand für andere Zwecke Verwendung. Auch in bemalter Form im Souvenirverkauf.

Die D-Mark kommt

Noch bevor die DDR der Bundesrepublik beitritt, verständigen sich beide Staaten auf eine Währungsunion. Zum 1. Juli 1990 soll die D-Mark als offizielles Zahlungsmittel in Ost-Berlin und in der DDR eingeführt werden. Unter strengsten Sicherheitsvorkehrungen wickelt die Deutsche Bundesbank die bis dahin wohl größte Geldtransaktion in ihrer Geschichte ab. Bis die Währungsunion in Kraft tritt, müssen die Banker 600 Tonnen D-Mark-Scheine in ihre 15 Filialen in der DDR bringen – insgesamt 25 Milliarden. Von den Filialen gelangt das neue Geld dann in die rund 10.000 Auszahlungsstellen im gesamten Staatsgebiet.[15]

In der *Kurstraße* in Ost-Berlin ist eine der wichtigsten Adressen. Hier befand sich einst der Hauptsitz der *Reichsbank*. Über mehrere Etagen erstrecken sich die sichersten Tresorräume der DDR. Lange Jahre diente das Gebäudes als Sitz des *Zentralkomitees* der *Sozialistischen Einheitspartei Deutschlands* (SED). Im Juni, als die Milliarden der Bundesbank eingelagert werden, untersteht das Haus aber der Verwaltung der *Volkskammer*, dem Parlament der DDR, das im März 1990 erstmals frei gewählt wurde. Für die Bundesbank muss ein Teil der Räume freigemacht werden.[16]

---

[15] Ulrich Paul, *Bundesbank karrt 600 Tonnen Geldscheine in die DDR-Tresore*, in: *Volksblatt Berlin*, 10. Juni 1990, S. 18.
[16] Ebenda.

Die D-Mark kommt, Marx, Engels und Lenin müssen gehen. Im ehemaligen Gebäude des Zentralkomitees der SED in der Kurstraße in Berlin-Mitte ist kein Platz mehr für die Bildnisse der Vorkämpfer der Arbeiterklasse.

Die Währungsunion am 1. Juli wird von vielen Ostdeutschen geradezu herbeigesehnt. In der Filiale der Deutschen Bank am Alexanderplatz soll die D-Mark um Mitternacht ausgegeben werden. Schon Stunden davor warten die ersten Ost-Berliner vor der Bank.

*Juni 1990. Ein Geldtransporter (rechts) bringt unter strengsten Sicherheitsvor-
kehrungen die D-Mark in das ehemalige Reichsbankgebäude in Berlin-Mitte.
Volkspolizisten sichern die Straße ab.*

*Nacht vom 30. Juni zum 1. Juli 1990. Gedränge vor der Filiale der Deutschen
Bank am Alexanderplatz 6. Ab Mitternacht soll hier die D-Mark zu haben sein.
Polizisten versuchen, den Eingang der Bank zu sichern.*

1. Juli 1990. Der 41-jährige Hans-Joachim Corsalli, ein Kohlenträger aus Hohenschönhausen, ist der erste Bürger, der Ost-Mark in D-Mark wechselt. Der Filialleiter der Deutschen Bank am Alexanderplatz, Rüdiger Wrede, überreicht Corsalli zur Feier des Tages einen Präsentkorb und ein Sparbuch mit 100 D-Mark.[17]

Vor der Bank spielen sich dramatische Szenen ab. Der Andrung wird immer stärker. Volkspolizisten stemmen sich von innen gegen die Tür. Zwischen 0.30 und 1.30 Uhr werden immer wieder zusammengebrochene Frauen und Männer in das Foyer getragen. Helfer des Roten Kreuzes leisten Erste Hilfe.

---

[17] Ulrich Paul, *Die Nacht, in der die D-Mark kam*, in: Volksblatt Berlin, 3. Juli 1990, S. 13.

1. Juli 1990, kurz nach Mitternacht. In der Bank-Filiale läuft alles geordnet ab. Ost-Berliner stehen am Schalter, um Ost-Mark gegen D-Mark einzutauschen.

Mit einem Autokorso feiern Ost-Berliner am Alexanderplatz die Währungsunion. Der Bundesadler ziert bereits die Motorhaube mancher Autos. Dabei hat die Volkskammer der DDR zu diesem Zeitpunkt den Beitritt zur Bundesrepublik noch nicht beschlossen. Das geschieht erst im August 1990.

Die Wiedervereinigung

Die *Volkskammer* beschließt am Morgen des 23. August 1990 um 2.50 Uhr den Beitritt des Landes zum Geltungsbereich des Grundgesetzes – mit Wirkung zum 3. Oktober 1990.[18] Damit ist der Weg für die Wiedervereinigung frei. Der 3. Oktober soll in Berlin würdig gefeiert werden. »Wir wollten kein Fest des nationalen Pathos, sondern ein Fest des Volkes«, erinnert sich der damalige Regierende Bürgermeister Walter Momper.[19] »Nicht Politik, sondern Kultur sollte die Stimmung dominieren. Es sollte fröhlich sein, aber nicht triumphierend, stolz, aber nicht arrogant, deutsch, aber nicht national«, beschreibt Momper die Pläne. So sei die Idee entstanden, Bühnen im Stadtzentrum zu errichten, auf denen am 2. und 3. Oktober rund um die Uhr unterschiedliche Künstler spielen sollten. Bewusst sei das Fest vom *Brandenburger Tor* in Richtung *Alexanderplatz* verlagert worden.

Mit rund zwei Millionen Besuchern wird die Feier das größte Straßenfest, das es in Deutschland bis dahin gab. *Unter den Linden* herrschte dichtes Gedränge. Die politische Prominenz verabschiedete sich von der DDR bei einem Konzert im *Schauspielhaus* am *Gendarmenmarkt*. Um Mitternacht wurde das vereinte Deutschland mit einem Feuerwerk vor dem *Reichstagsgebäude* begrüßt. Zugleich wurde eine übergroße *Fahne der Einheit* auf dem Platz der Republik gehisst. Die Bundesregierung hatte als Standort für die Feier zunächst

---

[18] Walter Momper, Berlin nun freue Dich! Mein Herbst 1989. Das Neue Berlin 2014, S. 371.
[19] Ebenda, S. 386.

den *Pariser Platz* mit dem *Brandenburger Tor* als Kulisse favorisiert, doch sprachen aus Sicht des Berliner Senats vor allem Sicherheitsbedenken dagegen. Der *Pariser Platz* war für eine solche Veranstaltung viel zu klein. *Allenfalls 15–30.000 Menschen hätten dort stehen können*, schreibt Momper in seinen Erinnerungen über die Zeit. Vor dem Reichstagsgebäude jedoch konnten bis zu 500.000 Menschen stehen. Die Berliner Vorschläge setzten sich am Ende durch.

2. Oktober 1990. Fest der Einheit Unter den Linden. Im Hintergrund der Palast der Republik.

3. Oktober 1990. Demonstranten fordern auf dem Einheitsfest die Abschaffung aller Armeen in Europa. Und Deutschland soll anfangen.

2. Oktober 1990. Am Alexanderplatz protestieren Demonstranten unter dem Motto ›Deutschland halt's Maul‹ gegen die Wiedervereinigung – andere Berliner feiern an Ständen die Einheit.

Auf dem Platz der Republik feiern die Menschen am Morgen des 3. Oktober die deutsche Einheit.

3. Oktober 1990. Trotz starker Sicherheitsvorkehrungen klettert ein Mann an der Fassade des Reichstagsgebäudes hoch und vollführt dort oben einen Freudentanz.

3. Oktober 1990. Vor dem Reichstagsgebäude.

3. Oktober 1990. Ein Großaufgebot der Polizei schützt die Veranstaltung am Reichstagsgebäude.

3. Oktober 1990. Vor dem Westportal des Reichstagsgebäudes.

3. Oktober 1990. Vor dem Reichstagsgebäude: Bundeskanzler Helmut Kohl und seine Frau Hannelore.

3. Oktober 1990. Ein junges Paar sitzt auf den Stufen vor dem Westportal des Reichstagsgebäudes.

Wo die Berliner Mauer noch heute steht

Auf einer Länge von 156,4 Kilometern trennte die Mauer mehr als 28 Jahre lang Ost-Berlin und das Umland vom Westteil der Stadt.[20] Nach der Wiedervereinigung verschwand die Mauer sehr schnell aus dem Stadtbild. *Auf allen Kontinenten – nur in der Antarktis noch nicht – stehen inzwischen ungefähr 240 Mauer-Denkmäler aus Originalelementen und unterstreichen die internationale Dimension des geschleiften Sperrwalls,* schreibt Klaus-Dietmar Henke, Vorsitzender des Beirats der *Stiftung Berliner Mauer.*[21]

In Berlin ist die Mauer nur noch an wenigen Stellen erhalten geblieben. Vor allem Touristen fragen, wo heute noch Reste der Mauer zu finden sind. Wichtigster Standort ist die *Gedenkstätte Berliner Mauer* an der *Bernauer Straße* in *Berlin-Mitte.* Hier befindet sich das letzte Stück der Berliner Mauer, das in seiner Tiefenstaffelung erhalten geblieben ist. Dort, wo die Mauer abgerissen wurde, wird der frühere Verlauf des Grenzwalls durch Stahlstäbe markiert. In einem *Fenster des Gedenkens* wird an die Maueropfer erinnert.

Neben der Gedenkstätte an der *Bernauer Straße* zählen Reste der Mauer an der *Niederkirchnerstraße* in *Mitte* sowie die *East Side Gallery* in *Friedrichshain* zu den wichtigsten Überbleibseln des einstigen Grenzwalls. Zu finden ist die Mauer darüber hinaus im Parlaments- und Regierungsviertel, im sogenannten *Parlament der Bäume* des Künstlers Ben Wagin, sowie im *Marie-Elisabeth-Lüders-Haus* des Bundestages. An

---

[20] Hans-Hermann Hertle, *Die Berliner Mauer. Biografie eines Bauwerks*, Ch. Links Verlag 2015, S. 23.
[21] Klaus-Dietmar Henke, *Die Dimension der Berliner Mauer*, in: *Die Berliner Mauer*, Ch. Links Verlag 2018, S. 310–312.

verschiedenen Ecken stehen zudem ehemalige Grenzwach-
türme, zum Beispiel an der *Erna-Berger-Straße* südlich des
Leipziger Platzes oder am *Schlesischen Busch* in *Treptow*.

Gedenkstätte Berliner Mauer an der Bernauer Straße.

Gedenkstätte Berliner Mauer an der Bernauer Straße.

Gedenkstätte Berliner Mauer an der Bernauer Straße.

Gedenkstätte Berliner Mauer an der Bernauer Straße. Stahlrohre (links) zeichnen nach, wo einst die Mauer stand.

Gedenkstätte Berliner Mauer an der Bernauer Straße. Blick auf die Kapelle der Versöhnung, die im Jahr 2000 auf dem Fundament der 1985 zerstörten Versöhnungskirche errichtet wurde.

Reste der Hinterlandmauer am Parlament der Bäume des Künstlers Ben Wagin. Die Grenze verlief hier am Westufer der Spree. Die Hinterlandmauer sollte verhindern, dass Menschen über die Spree flüchten.

Im Marie-Elisabeth-Lüders-Haus des Deutschen Bundestags zeichnen Mauerteile den früheren Verlauf der Hinterlandmauer nach. Auf den Segmenten steht für jedes Jahr die Zahl der Toten, allerdings nicht nur aus Berlin.

Ein ehemaliger Grenzkontrollturm steht unweit des Potsdamer- und Leipziger Platzes, an der Erna-Berger-Straße.

Ein weiterer Grenzkontrollturm steht am Schlesischen Busch in Treptow.

ГОСПОДИ! ПОМОГИ МНЕ ВЫЖИТЬ

СРЕДИ ЭТОЙ СМЕРТНОЙ ЛЮБВИ.

MEIN GOTT, HILF MIR, DIESE TÖDLICHE LIEBE ZU ÜBERLEBEN

Zwischen der Oberbaumbrücke und dem Ostbahnhof steht die East Side Gallery am östlichen Ufer der Spree. 1990 wurde die Mauer von Künstlern bemalt, im Jahr 2009 saniert. Sie ist ein beliebtes Fotomotiv.

Die East Side Gallery. Hinten links im Bild ein Wohnturm, der im ehemaligen Todesstreifen errichtet wurde.

East Side Gallery in Friedrichshain.

East Side Gallery in Friedrichshain.

East Side Gallery in Friedrichshain.

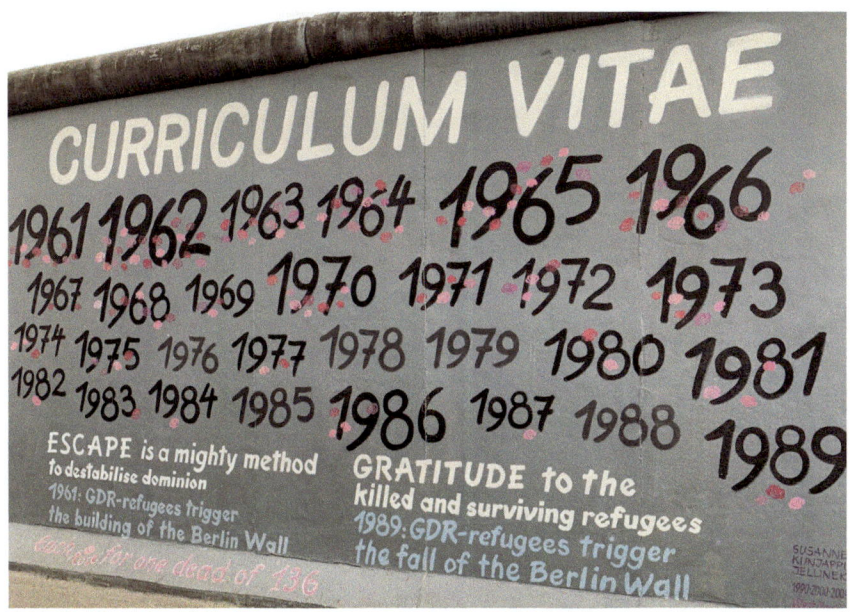

East Side Gallery in Friedrichshain. So lange stand die Mauer.

East Side Gallery in Friedrichshain.

East Side Gallery in Friedrichshain.

East Side Gallery in Friedrichshain.

East Side Gallery in Friedrichshain.

East Side Gallery in Friedrichshain.

Mauer an der Niederkirchnerstraße in Berlin-Mitte. Andenkenjäger haben die Betonsegmente stark beschädigt, um an Souvenirs zu kommen. Jetzt wird die Mauer durch einen Zaun geschützt.

Mauer an der Niederkirchnerstraße, neben der Gedenkstätte Topografie des Terrors. Sie erinnert an die Folterkeller aus der Nazizeit, die sich hier befanden.

Bildnachweise für die East-Side-Gallery:

Seite 93 oben:
»*Mein Gott hilf mir, diese tödliche Liebe zu überleben*«, von Dmitri Wladimirowitsch Vrubel

Seite 94 oben:
»*Du hast gelernt, was Freiheit ist*«, von André Sécrit und Karsten Thomas

Seite 94 unten:
Ohne Titel, von Andrej Smolák

Seite 95 oben:
»*Tolerance*«, von Mary Macky

Seite 95 unten:
»*Curriculum Vitae*«, von Susanne Kunjappu-Jellinek

Seite 96 oben:
»*Save our Earth*«, von Indiano

Seite 96 unten:
»*Niemandsland*«, von Carmen Leidner

Seite 97 oben:
»*Test the Rest*«, von Birgit Kinder

Seite 97 unten:
»*Es geschah im November*«, von Kani Alavi

Seite 98:
Ohne Titel, von Jens Hübner

Der ehemalige Grenzstreifen an der Bernauer Straße wurde nach Plänen der Berliner Büros *sinai, ON architektur* und *Mola + Winkelmüller Architekten* zu einer Erinnerungslandschaft gestaltet.

Wie sich Berlin verändert hat

In Zeiten der Teilung Berlins lagen *Potsdamer Platz, Reichstag* und *Pariser Platz* am Rande der jeweiligen Stadthälfte. Mit dem Fall der Mauer und der Wiedervereinigung änderte sich das auf einen Schlag. Die Randlagen wurden zum neuen Zentrum. Am *Potsdamer Platz* entstand ein Geschäftsviertel. Rund um das *Reichstagsgebäude* wuchs das neue Parlaments- und Regierungsviertel in die Höhe. Und der *Pariser Platz* avancierte zum neuen feinen Salon der Hauptstadt – mit dem *Hotel Adlon*, der *Akademie der Künste* und den Botschaften der USA und Frankreichs. Die folgenden Bilder zeigen, wie sich Berlin verändert hat.

Mit Mauer: Blick vom Reichstagsgebäude zum Brandenburger Tor.

Ohne Mauer: Blick vom Reichstagsgebäude zum Brandenburger Tor.

Mit Mauer: Blick auf die weite Fläche am Potsdamer- und Leipziger Platz. Links im Bild das Weinhaus Huth. Quer durch das Bild verläuft die Trasse der Magnetschwebebahn.

Ohne Mauer: Blick vom Kollhoff-Turm am Potsdamer Platz 1 auf den Leipziger Platz, der nach historischem Vorbild als Achteck mitten auf dem ehemaligen Todesstreifen wieder aufgebaut wurde.

Mit Mauer: Blick über den Tiergarten zum Reichstagsgebäude und zum Bettenhaus der Charité.

Ohne Mauer: Blick über den Tiergarten zum Reichstagsgebäude, das mittlerweile zum Sitz des Bundestags umgebaut wurde und eine Glaskuppel trägt. Das Bettenhaus der Charité erstrahlt mit einer neuen Fassade.

Literaturverzeichnis

Henke, Klaus-Dietmar, *Die Dimension der Berliner Mauer*, in: *Die Berliner Mauer*, Ch. Links Verlag 2018

Hertle, Hans-Hermann, *Die Berliner Mauer. Biografie eines Bauwerks*, Ch. Links Verlag 2015

Hertle, Hans-Hermann, und Elsner, Kathrin (Hg), *Der Tag, an dem die Mauer fiel*, Berlin: Nicolaische Verlagsbuchhandlung 2009

Momper, Walter, *Berlin, nun freue Dich! Mein Herbst 1989*, Das Neue Berlin 2014

Paul, Ulrich, *Mit dem Taxi in den Westen*, in: *Volksblatt Berlin*, 11. November 1989

Paul, Ulrich, *Der Bau der Berliner Mauer brachte ›einen Haufen Gewinn‹*, in: *Volksblatt Berlin*, 13. Mai 1990

Paul, Ulrich, *Bundesbank karrt 600 Tonnen Geldscheine in die DDR-Tresore*, in: *Volksblatt Berlin*, 10. Juni 1990

Paul, Ulrich, *Die Nacht, in der die D-Mark kam*, in: *Volksblatt Berlin*, 3. Juli 1990

Paul, Ulrich, *So eine Art Smogalarm*, in: *Berliner Zeitung*, 2009, Nr. 261.

Zohlen, Gerwin, *Erblast des Mythos. Das Verfahren Potsdamer/Leipziger Platz. Rückblick nach vier Jahren*, in: *Ein Stück Großstadt als Experiment. Planungen am Potsdamer Platz in Berlin*, Verlag Gerd Hatje 1994

Zu guter Letzt: Der Autor in der Nacht vom 9. zum 10. November

Der Verfasser dieses Buches in der Nacht vom 9. zum 10. November am Grenz-übergang Invalidenstraße. Rechts im Bild auf der Mauer mit Kamera und Um-hängetasche – abgelichtet von dem Fotografen Wolfgang Steche.

Danksagungen

Vielen Dank für die Unterstützung zum Erscheinen des Buches bei: Jochen Arntz, Julio César Calderón, Erik Kinting, Mirko Esquivel, Theresa Reichelt, Jacqueline Stumpf, Beatrice Tavares, Walter Momper, Burkhard Müller-Schoenau, Marion Paul, Sophia Paul, Christine Richter, Wolfgang Steche, dem Berliner-Wochenblatt-Verlag, in dem das Spandauer Volksblatt (Volksblatt Berlin) heute erscheint, und der Nicolaischen Verlagsbuchhandlung.